Zhongguo Wenhua
Zhishi Duben

中国文化知识读本

宋代名窑

主编　金开诚

编著　李昕

吉林出版集团有限责任公司

吉林文史出版社

图书在版编目（CIP）数据

宋代名窑 / 李昕编著 .—长春：吉林出版集团有
限责任公司：吉林文史出版社，2009.12（2022.1 重印）
（中国文化知识读本）
ISBN 978-7-5463-1958-2

Ⅰ.①宋… Ⅱ.①李… Ⅲ.①瓷窑遗址 – 简介 – 中国
– 宋代 Ⅳ.① K878.5

中国版本图书馆 CIP 数据核字（2009）第 237197 号

宋代名窑

SONGDAI MINGYAO

主编/ 金开诚 编著/李昕

责任编辑/曹恒　崔博华 责任校对/董昕宇

装帧设计/曹恒 摄影/金诚 图片整理/董昕瑜

出版发行/吉林文史出版社 吉林出版集团有限责任公司

地址/长春市人民大街4646号 邮编/130021

电话/0431-86037503 传真/0431-86037589

印刷/三河市金兆印刷装订有限公司

版次/2009 年 12 月第 1 版 2022 年 1 月第 4 次印刷

开本/650mm×960mm 1/16

印张/8 字数/30千

书号/ISBN 978-7-5463-1958-2

定价/34.80元

关于《中国文化知识读本》

　　文化是一种社会现象，是人类物质文明和精神文明有机融合的产物；同时 又是一种历史现象，是社会的历史沉积。当今世界，随着经济全球化进程的加 快，人们也越来越重视本民族的文化。我们只有加强对本民族文化的继承和 创新，才能更好地弘扬民族精神，增强民族凝聚力。历史经验告诉我们，任何 一个民族要想屹立于世界民族之林，必须具有自尊、自信、自强的民族意识。 文化是维系一个民族生存和发展的强大动力。一个民族的存在依赖文化，文 化的解体就是一个民族的消亡。

　　随着我国综合国力的日益强大，广大民众对重塑民族自尊心和自豪感的 愿望日益迫切。作为民族大家庭中的一员，将源远流长、博大精深的中国文化 继承并传播给广大群众，特别是青年一代．是我们出版人义不容辞的责任。

　　《中国文化知识读本》是由吉林出版集团有限责任公司和吉林文史出版 社组织国内知名专家学者编写的一套旨在传播中华五千年优秀传统文化，提 高全民文化修养的大型知识读本。该书在深入挖掘和整理中华优秀传统文化 成果的同时，结合社会发展，注入了时代精神。书中优美生动的文字、简明通 俗的语言、图文并茂的形式，把中国文化中的物态文化、制度文化、行为文化、 精神文化等知识要点全面展示给读者。点点滴滴的文化知识仿佛颗颗繁星， 组成了灿烂辉煌的中国文化的天穹。

　　希望本书能为弘扬中华五千年优秀传统文化、增强各民族团结、构建社 会主义和谐社会尽一份绵薄之力，也坚信我们的中华民族一定能够早日实现 伟大复兴！

目录

一 陶瓷概述

（一）陶瓷发展史

早在欧洲掌握制瓷技术之前一千多年，中国已能制造出相当精美的瓷器。从我国陶瓷发展史来看，一般是把"陶瓷"这个名词分为陶和瓷两大类。通常把胎体没有致密烧结的黏土和瓷石制品，不论是有色还是白色，统称为陶器。其中把烧造温度较高、烧结程度较好的那一部分称为"硬陶"，把施釉的一种称为"釉陶"。相对来说，把经过高温烧成、胎体烧结程度较为致密、釉色品质优良的黏土或瓷石制品称为"瓷器"。

从传说中的黄帝尧舜时期至夏朝（约公元前21世纪—公元前16世纪），是以

春秋中期陶器

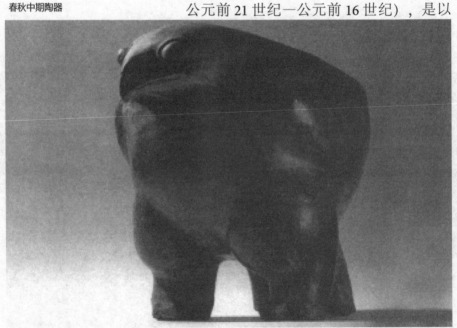

彩陶来标志其发展的。其中有较为典型的仰韶文化以及在甘肃发现的稍晚的马家窑与齐家文化等等。

马家窑文化双耳罐

汉代（公元前206—220年），艺术家和工匠们的创作材料不再以玉器和金属为主，陶器受到了更多的重视。在这一时期，烧造技艺有所发展，较为坚致的釉陶普遍出现，汉字中开始出现"瓷"字。

六朝时期迅速兴起的佛教艺术对陶瓷产生了影响，在作品造型上留有明显痕迹。

唐代（618—907年）不仅是一个强盛的朝代，同时也是艺术史上的一个伟大时期。陶瓷的工艺技术有很大改进，精细瓷器品种大量出现，即使用当今的技术鉴定标准来衡量，它们也算得上是真正的优质瓷器。唐末大乱，连年战乱中却出现了一个陶瓷新品种——柴窑瓷，质地优良被广为传颂，但传世的极为罕见。

陶瓷业到了宋代（960—1279年）得到了蓬勃发展，并开始对欧洲及南洋等国大量输出。以钧、汝、官、哥、定为代表的众多有各自特色的名窑在全国各地兴起，产品的品种日趋丰富。1280年，元朝建立，枢府窑出现，景德镇开始成为中国陶瓷产业中心，

大地湾文化陶器

其声名远扬世界各地。

（二）各时期的特色

　　根据现有的考古资料来看，断定中国
原始陶器开始于距今七千年左右。最早的
彩陶发源地在黄河流域，尤其以陕西的泾
河、渭河以及甘肃东部比较集中。甘肃东

大地湾文化陶罐

部大地湾一期文化，不仅在器形上比较规整，而且绘有简单的纹饰，是世界上最早出现的彩陶文化之一。这一时期已出现陶轮技术，制陶术已成为一种专门技术，陶器上纹饰已经略为复杂，以几何纹样为主。在陕西、河南、山西三省交界地区为中心的庙底沟文化，彩陶花纹则更加富于变化，以弧线和动感强

仰韶文化陶器

烈的斜线体现变形的动物形象。日常生活中所常见的鱼、鸟、猪以及人类自身都被作为装饰纹样。这些纹饰的描绘手法都很生动，布局合理，是原始绘画的佳作，也是研究中国绘画史的可靠形象资料。

远古时期的陶瓷烧造技术资料至今还无从找寻，但从现有资料推测，可能在新石器时代初期是用柴草在平地上用篝火直接烧制，这种方法至今在许多偏远落后地区还在使用，统称为"无窑烧陶"。

大约在距今四千多年之前，中国进入夏、商、周时代，其间约两千年左右。这

一时期的社会形态为奴隶社会，也成为
由奴隶社会向封建社会变革的转型时期。
这时，各种手工业开始有分工制度，制
陶业已成为独立的手工业部门，而且是
诸多工种中最重要的一种。

夏、商、周三代的陶瓷品种，大致
可分为灰陶、白陶、印纹陶、红陶、原
始陶等。其中在日常生活中使用最多的
是灰陶，有素面，也有简单的绳纹或篮纹，
或者彩绘各种复杂图案的；还有在制作
胎体过程中用拍、印、刻、堆、划等手
法留取肌理效果的。这一时期的器体造
型功能依然以饮食器皿为主，有豆、鼎、
釜、鬲、甗、斝等等。白陶在新石器晚
期就已出现，这一时期又有了进一步发
展。白陶所使用的原材料为瓷土，质地
较细密，烧成温度也比其他陶器品种要
高。其造型与装饰直接受到同时期青铜
礼器的影响，艺术价值不在青铜器之下。

通过长期烧造白陶和印纹硬陶的实
践，不断改进原材料的选择与加工，在
商代中期出现了原始瓷器，到西周、春秋、
战国时期开始兴盛起来。胎质烧结程度
提高和器表施釉，使原始瓷器不吸水，

仰韶文化陶饮器（上）
彩陶盆（下）

夏代研磨盆

而且更加美观。原始瓷器一般都在施釉前
在坯体上拍制几何图案,釉色多呈现青绿、
青黄色。

　　夏、商、周时代的烧窑技术也有所改进,
馒头窑的出现更加改善了窑内的烧成条件,
对提高陶器质量有利。窑炉的改进, 是这
一时期出现原始瓷器的重要原因。

　　秦代时,秦始皇即位之初便大兴土木,
建造大规模的阿房宫和陵园。所以, 砖、
瓦等建材和宫殿内所需陶瓷器皿便大量烧

造。1974年在秦始皇陵东侧出土的大量与真人等大的陶制兵马俑，就是秦始皇陵墓陪葬品的一部分。从已发掘的三个俑坑情况可以看出当时的烧陶水平，数量巨大，制作精湛，神态各异，造型生动，工艺成熟。如此巨大的作品，几乎没有变形、开裂的问题，原材料使用当地泥土，凝结性、可塑性强。这一时期的窑炉建设，为适应大量烧制建筑用陶

秦始皇陵兵马俑

和像兵马俑那样的大型物件，窑室规模增大，普遍增加了一到三倍。窑炉所设烟囱多已移到后部。特别值得一提的是，这一时期出现了窑床前高后低的特殊设计，是一项创造性改革，使窑室内温度不均的问题得以改善。

汉代是中国陶瓷历史上的一个重要转折点，所制器物的表面被广泛施釉。汉代

西周中晚期陶器盖范

宋代名窑

西汉陶器

人重视墓葬，成为习俗，殉葬品力求丰富而精细，被称为"明器"。陪葬品中大量使用陶制品，因为这种材质可以保存千年而不腐败。除饮食所用的器皿外，还大量模拟生活场景，加以微缩，如陶制的楼阁、仓房、灶台、兽圈、车马、井台、奴仆等等，营造虚幻环境供死者享用。明器当中的壶、尊、盆、罐之类器皿，一般都在素坯之外敷设一层粉彩，并不与胎体相融，稍摩擦便脱落；小型生活场景模型，外表都施加绿色低温铅釉，这种铅釉有毒性已被当时人们所知晓，所以在日常生活用品中并不使用。此外，在汉代陶器当中，瓦当的艺术成就也非

西汉陶器

常突出。

　　汉代的陶瓷器，造型浑厚而饱满，许多器形模仿铜器造型。器物表面施釉烧成温度约在 950℃ -1000℃ 之间，为低温釉，所以今天所见到的汉器表面出现有细微碎纹。到汉代为止，我国北方使用的馒头窑已基本达到比较完善的地步。在南方，此时已出现比较成熟的龙窑，增大窑室的同时也缩短了烧成时间。

　　在我国，众所公认的、真正意义上的瓷器之出现当在东汉时期。瓷器的坯体由高岭土或瓷石等复合材料制成，在1200℃ - 1300℃的高温中烧制而成，胎体要求坚硬、致密、细薄而不吸水，胎体外面罩施一层釉，釉面要光洁、顺滑、不脱落、不剥离。长江中下游的广大地区具有丰富的原材料资源，又富有燃料资源，所以这一地区的制陶业发展很快，出现了众多而且面广的窑址。瓷器的产地俗称"窑口"。

三国、两晋时期，江南陶瓷业发展迅速，相继在萧山、上虞、余姚一带出现了越窑、瓯窑、婺窑等著名窑址。所制器物注重品质，加工精细，可与金、银器相媲美，成为当时名门望族的日用品。

东晋南朝时期令人惊喜地出现了一种独特的、对后世有深远意义的陶瓷品种，这就是白瓷。

这一时期的瓷器已取代了一部分陶器、铜器、漆器，成为人们日常生活最主要的生活用具之一，被广泛用于餐饮、陈设、文房用具、丧葬明器等等。

南北朝时期佛教兴盛，各地都建造了大量寺庙、佛像石窟，带有佛教色彩、意义的装饰随处可见。体现在陶瓷器上，最有代表性的是"莲花尊"。陶瓷还被大量运用到文具中，如笔筒、水盂、砚等。

唐代是被公认的封建社会的鼎盛时代，定都长安，洛阳为陪都。在这两个地

南北朝青瓷莲花尊

陶瓷概述

唐三彩持雀女俑

方都出土了大量唐三彩，艺术和技术上都非常高超，举世瞩目。

唐三彩器大多出自墓葬。它的出现是我国陶瓷工艺发展的必然产物，它表明古代陶瓷工匠对各种呈色金属原料特性的认识、化学技术的掌握达到了一个新的水平。带色釉的发现和运用在汉代就已实现，如翠绿、栗黄、茶黄等色釉被广泛使用。到北朝时期，我国北方就开始有黄釉、褐釉彩色瓷器的烧造。到北齐，出现了白瓷和彩瓷。

初唐的三彩器以褐赭黄色为主，还有白色或绿色釉，采用蘸釉法，施釉较草率，釉层偏厚，呈流釉或烛泪状，釉层没有完全烧开，色泽暗淡。盛唐时期，三彩工艺明显进步，在器型品种上，除了器皿以外，还出现了大量生动的三彩人俑。这时的三彩釉色润莹，赋彩自然，采用混釉技法，器皿多为内外满釉，色彩有绿、黄、白、蓝、黑等；装饰手法除了刻花、印花外，还广泛使用堆贴和捏塑；装饰内容丰富多彩，花鸟走兽无所不包。然而中晚唐时期的三彩制品每况愈下，这一现象恰好从一个侧面反映了唐代由盛转衰的历史现象。晚唐三彩多为小件，趋向单彩釉，而且釉面单薄，脱落剥蚀现象严重。

开始于南北朝时期"南青北白"的瓷业布局，到唐代形成较为明显而固定的局面。从南北朝到唐代这一阶段，我国古代制瓷艺术逐步形成了青釉和白釉两个大的系统，它们在后世分别沿着不同的方向各自发展。白瓷的真正成熟期是在唐代，特别是在唐代中晚期，它已成为一个独立体系，与青瓷分庭抗礼。

当时北方烧造白瓷的区域非常广泛，而河北邢窑最为突出。它与南方越州出产的青瓷交相辉映，形成唐代陶瓷业的两大主流。唐代陆羽在他的《茶经》中用"类银""类

唐代邢窑白瓷

越窑青瓷

雪"来形容邢窑白瓷的釉色，其胎、其釉的白度相当成熟。

唐代的繁荣最终被唐末的藩镇割据所打破，五代十国则是这种割据局面的延续，中国又进入了一个动荡的时期。但令人不解的是，这一时期的陶瓷业却有进步之势，这大概与当时帝王的爱好有很大关系，其中最有影响者为吴越的秘色瓷和后周的柴窑。

二 宋代陶瓷简介

中国陶瓷工艺发展到宋代，达到了炉火纯青的成熟阶段，艺术上取得了空前绝后的成就。这一时期南北方各窑风格迥异，一些以州命名的瓷窑体系特点明显，令后人一目了然。最为著名的窑址有五个，即"汝、钧、官、哥、定"。

（一）宋代陶瓷发展的原因

宋代一改以前"南青北白"的发展格局，南北陶系融合，出现了古陶瓷生产的黄金时期。这一时期，商品经济快速发展，使得不同的制瓷传统蓬勃兴起，并且得到了比较充分的发展。在商品生产中，为了竞争，新的工艺层出不穷，技术的传播和

宋代褐彩壶

宋代名窑

宋代酱釉碗

相互影响十分活跃，从而形成了宋代陶瓷丰富多彩、百花齐放的局面。这是多种因素共同作用的结果。

国家经济的发展是陶瓷能够迅速发展的前提条件。宋代的经济是十分富足的，统治阶级又有自己独立的价值追求。宋朝的汴梁城已经用煤生火做饭取暖了，当时西方都是用木头劈柴生火做饭取暖。宋朝商业的高速发展对经济起到了推动作用，获得庞大财政收入使国民经济飞速发展，工商业极度繁荣，这是生产力水平提高的结果。丰厚的社会财

《清明上河图》充分体
现了宋代经济的繁荣

力使政府既不用向农民征收苛捐杂税，又
能保证自身收入。《清明上河图》就充分
体现了宋代经济工商的繁荣。宋代的国内
生产总值强盛时占全球的 50%，无论是质
量还是数量，宋代时国家的综合实力都是
当时世界第一。

宋代国家财政收入的主体已经不再是
农业而是工商业了，农业社会已经开始向
工业社会迈进了。宋朝获得庞大的财政收
入并不是靠加重对农民的剥削，而是手工
业和商业极度繁荣，生产力水平提高的结
果。宋朝的经济，尤其是第二、第三产业

得到了极大的发展，人民生活水平达到了空前的高度。由于物质的繁荣，必然导致国家上层统治者对艺术与审美的追求，促进了文化艺术的发展，烙印到陶瓷上，便诞生了宋瓷，从唐代的雄浑、高远、旷达、辉煌、瑰丽，步入了宋代婉约、清纯、寄情、思辩、理性、尚志的新阶段。宋瓷是宋代文化的主要构成部分，是两宋文化的一朵绚丽的奇葩。宋瓷在当时的海外贸易中，已成为风靡世界的名牌商品。

宋代陶瓷工艺技术又有了进一步创新。

首先，在北方地区开始使用煤为燃料烧

宋代定窑瓷刻花葫芦

瓷。这是北方地区陶瓷业发展变化的一个至关重要的环节，这项创新解决了北方地区制瓷业燃烧不足的严重制约，使北方的制瓷业得以蓬勃发展。

其次，装烧技术的改进。随着以煤为燃料的采用，定窑首先开创了覆烧工艺，这种工艺既节省窑炉的空间，增加了产量，又使非常薄俏的器物得以烧成，防止变形，还对规范瓷器的大小有重要作用。因此，这一技术一经发明，便在南北方迅速普及。

再次，装饰艺术的发展进步。进入北

宋，瓷器普遍流行花纹装饰，白瓷、青瓷甚至连黑瓷都开始用花纹装饰了，并形成了一种风气、潮流。宋代的瓷器装饰艺术，按工艺材料归纳，可分为坯体装饰(搅胎、刻划花、划花、印花、贴塑、镂空)、化装土装饰、釉装饰(纯釉装饰、窑变釉贴花装饰和彩釉装饰)、彩绘装饰（釉下彩绘和釉上彩）。工艺技法有刻、划、印、剔填、贴塑、镂雕、彩绘等，有时各种技法单独使用，有时两种技法结合运用，最复杂的是将绘、划、剔、填彩四种技法共同使用在一件器物上，从而产生丰富充实的装饰效果。

宋代是一个商品生产高度发达的社会，因此，宋代瓷窑形成了官窑和民窑两种不同的形式。所谓官窑，就是国家中央政府办的窑，专门生产皇宫、王室用瓷；所谓民窑，就是民间办的窑，生产民间用瓷。官窑瓷器，不计成本，精益求精，窑址的地点、生产技术严格保密，工艺精美绝伦，传世瓷器多是稀世珍品。而对于民窑，当时生产者看重的是实用价值，生产

宋代官窑瓷器

宋代陶瓷简介

者要考虑成本,工料就不如官窑那么讲究,但并非没有精美的艺术产品。官窑产品供给宫廷和上层社会使用,民窑产品主要在市场上流通。由于不同类型的窑场的产品供给对象不同,所以对产品的质量要求也就有所不同,甚至产品的用途也不同。因此,产品就各具特点,形成了以刻、划、印花等单色装饰和素面单色釉等以官窑御用品为代表的"雅器"和以彩绘装饰及彩釉瓷器等民窑产品为主的"俗器"。"雅器"造型庄重典雅,釉色单纯,尤其尚青色,纹饰简洁,追求古铜玉器神秘庄重的艺术效果,这种趣味高雅的艺术风格充分反映了宋代上流社会的审美情趣。"俗器"造

宋代陶器残片

宋代名窑

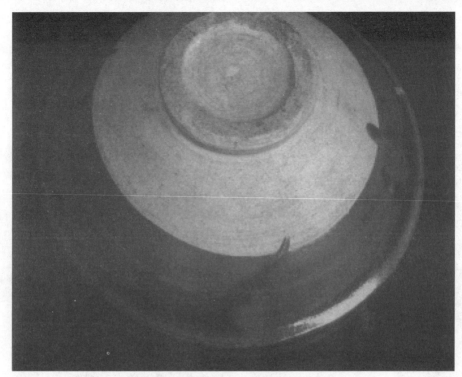

型灵活多变，讲究实用功能，色彩强烈明快，纹饰丰满富丽，情调热情奔放，花纹图案多富含吉祥寓意，这种艺术风格充分体现了广大民众的真情实感。这反映了宋代文化艺术上形成了士大夫的清雅艺术和庶民艺术两个层面。官窑和民窑在各具特色的同时，他们之间又相互学习、取长补短，这种制瓷业内部互相学习借鉴的风气是宋代陶瓷迅速发展的一个重要原因。

官窑产品不流入市场，不具有商业性质；而民窑是商业性的，是以商品生产为目的的，产品要面向市场，市场是其赖以生存的基础，

宋代影青大碗

要占据市场就要有过硬的质量和先进的技术。宋代时，民窑大量增加，所以竞争尤其激烈。

随着陶瓷从晚唐后期开始由高档消费品变为一般平民皆可使用的普通用品，民间窑场大量增加，原来没有烧窑历史的东北、西北和西南地区的许多地方都相继设立窑场烧造瓷器，过去制瓷业比较薄弱的北方地区和南方沿海地区瓷窑数量激增。窑场的增加加剧了竞争的激烈程度，激烈竞争的局面使得诸窑场难以墨守陈规，为了生存，各窑场纷纷采用和发明新的技术工艺。由此可见，市场竞争也是促进宋代陶瓷发展的一个重要因素。

（二）宋代陶瓷的特点

宋代是我国陶瓷发展史上一个非常繁荣昌盛的时期，被誉为"瓷器的时代"。现在已发现的古代陶瓷遗址分布于全国一百七十个县，其中有宋代窑址的就有一百三十个县，占总数的75%。确切地说，东汉早期瓷器在浙江出现后，很快在长江下游一带传播开来，并逐渐波及长江中游、上游地区以及福建、广东一带。约在6世纪初叶的北朝时期，中原地区也出现了自己的烧制瓷器，从此我国的制瓷业便形成了南北两大瓷系。而到了宋代，则形成了多种瓷窑体系。宋代瓷窑体系的区分，主要是根据各窑产品的工艺、釉色、造型与装饰的异同，从中可以看出宋代形成的瓷窑体系有六种：北方地区的定窑系、耀州窑系、钧窑系、磁州窑系；南方地区的龙泉青瓷系、景德镇的青白瓷系。按照瓷器的釉色不同，又可以划分为：

宋代官窑粉青釉三足炉

1. 青瓷体系

（1）汝窑（河南宝丰县清凉寺）。

（2）官窑：皇家自办，烧制御用瓷器，有"紫口铁足"之称，成为南宋瓷器精品。

（3）哥窑与龙泉窑（浙江龙泉县）。哥哥叫章生一，弟弟叫章生二。哥窑瓷器的最大特点是瓷器通体开片，开大片

宋代玳瑁盏

称为"冰裂纹"，开细片称为"鱼子纹"，极碎称为"百圾碎"，若裂纹呈现出黑、黄两色，则称为"金丝铁线"。弟窑，即龙泉窑。

（4）钧窑：河南省禹县，瓷器以绚丽多彩著称于世，突破以铁为呈色剂，创造铜红釉窑变技术。

2. 白瓷体系

（1）定窑（中心窑场位于河北曲阳县灵山镇）。

（2）磁州窑：宋代著名民间窑，以白地黑花剔刻装饰最有特色。

3. 黑瓷系

釉汁的铁含量达到 8%，瓷呈纯黑色。

(1) 建窑（福建建阳县水吉镇）。

(2) 吉州窑（江西吉安永和镇）。

宋代工艺美术种类繁多，瓷器成就最高。宋代制瓷工艺在我国陶瓷史上的最大贡献是为陶瓷美学开辟了一个新的境界。陶瓷是一种艺术，是由釉色、造型和纹饰三要素构成的。我们从这三个方面来分析宋瓷的特点。

从胎釉上看，宋瓷中无论是单色釉和复色釉（花釉）所采用的厚釉装饰方法，还是釉与胎体纹饰结合的薄釉装饰方法，都极力追求釉色的自然美。这种釉色的自然美，体现在以下两个方面：一是它的呈色是釉中金属着色元素在"火"这个自然力的作用下产

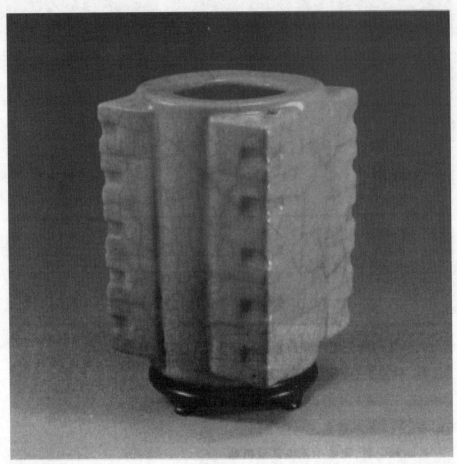

宋代官窑瓷器

生的，没有人为痕迹，是自然天成的结果；二是它的色彩反映了大自然中蓝天白云、碧海青山、绿树黄沙、紫霞红日、宝石翡翠、珍禽异兽等自然色彩。古人对宋瓷釉色有各种各样的称谓，如"天蓝""天青""月白""粉青""梅子青""玫瑰红""葡萄紫""象牙白""蜜蜡黄""玳瑁""兔毫""鹧鸪斑"等等。这些形象的比喻，说明了釉色所展现的自然美，而这种自然美的形成，

宋代青釉瓷坐观音

则又体现在制釉工艺技术与艺术审美及艺术
表现的完美结合上。

　　青釉瓷在宋代仍是瓷器生产的主流，也
是人们喜爱的釉色。唐代和唐代以前的青釉
瓷，虽然在釉的色泽与质地上也在以玉为追
求目标，但与宋代的青釉瓷相比，玉质感方
面就差得多了。因为当时使用的釉为石灰釉，
釉层薄而透明，颇似玻璃质感。而宋代青釉
瓷的玉质感主要是使用了石灰釉、石灰碱釉

宋代汝窑青釉瓷盏

和采用多次素烧胎体，多次施釉，增加釉层厚度而达到的。采用厚釉装饰法，不仅使釉质似玉，而且也使釉色柔和含蓄。为了更好地发挥厚釉装饰所具有的浑厚、凝重、深沉的艺术风格，宋代厚釉陶瓷造型大多都是形体比较单纯的，没有更多的起伏转折变化的造型。把造型的表现余地留给釉的装饰，从而更加突出了厚釉的特征。宋代厚釉陶瓷造型的基调是敦厚、简洁、浑然一体，造型和釉色相辅相成，相得益彰。

厚釉装饰不等于把整个造型全部覆盖了，而是有隐有现，有藏有露，有深有浅，有虚有实，在单纯中求丰富，在含蓄中求个性。宋代厚釉青瓷釉色非常丰富，每个窑口间的釉色有别，即便是同一窑口也有许多不同倾向的色调。它不仅厚泽滋润，含水欲滴，而且釉乳光更是迷人。如汝官器，近光下察看，釉中多布红斑，有的如晨日出海，有的似夕阳晚霞，有的像七彩长虹，有的如锦缎闪烁，展现出一种富贵高雅之态。

除厚釉装饰外，宋代瓷器薄釉装饰也很具有特色。宋代瓷器薄釉装饰所具有的釉色美，体现在釉与胎及纹饰三者共同构成的似

宋代梅花小罐局部特写 t

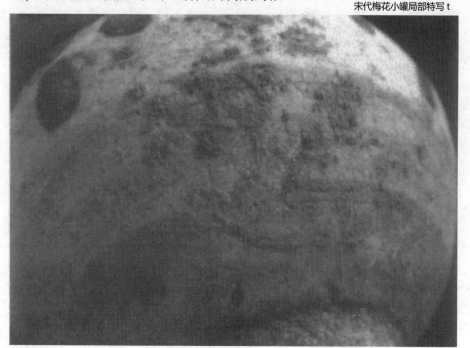

宋代瓷罐茶叶末釉

玉的色泽与质感上。乾隆皇帝称赞定窑的白瓷"既质玉之质，复白雪之白"；宋代《德应侯碑》赞美耀州窑青瓷"巧如范金，精比琢玉""视其色，温温如也"；宋代诗人李清照《醉花阴》词"薄雾浓云愁永昼，瑞脑销金兽，佳节又重阳，玉枕纱橱，半夜凉初透……"中的"玉枕"，便是对景德镇窑青白瓷的赞美。

宋代瓷器釉色追求自然天成的美，受益于传统美学思想。中国传统美学的一个显著特点，就是崇尚天然真实，鄙薄雕琢伪饰，把自然朴素之美作为理想之美的典范。正是基于这种原因，宋代种种美丽的名瓷，被世人誉为奇珍异宝，获得历代人们的热烈欢迎和高度赞美。这也是宋代瓷器能在世界上享有盛誉的一个重要原因。

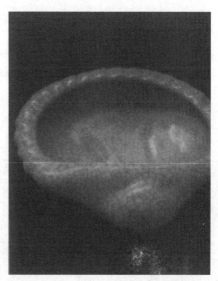

宋代官窑哥釉笔洗

宋代瓷釉的美不仅体现在釉色上，而且更体现在釉的肌理上。"肌"代表釉的质地，"理"代表釉的纹理。古人对于釉质的追求和欣赏一直是以玉为目标的，但古人在追求和欣赏如玉般的釉质的同时，也对釉内及釉面上自然形成的各式纹理所形成的肌理效果倍加赞赏。在宋瓷中，对于釉的纹理的欣赏，首推青瓷器上的冰裂纹。冰裂纹的出现，原本是工艺上的一个缺陷，是由于瓷器胎体和釉料的膨胀系数不同，在冷却收缩时开裂的，但古人却对这种自然产生的开裂纹理十分欣赏，在掌握了其规律后，有意识地拉大胎体和釉料间膨胀系数的差距，控制开裂纹路的大小与疏密，并通过着色处理使纹线产生色彩变化。冰裂纹的开裂，犹如寒冬时节江河冰面开裂时的纹线，纵横交错，变化万千。这种冰裂纹效果大概使匠师们觉得存在某种意蕴，便把生活中的这种自然现象重现在瓷器上，使人们感到意外的清新生动。匠师们对冰裂纹自然变化的追求，也赢得文人雅士们的欣赏，使得这种无意出现的自然"开片"现象得到了肯定，并成为一种流行的装饰手法。

与冰裂纹等因工艺缺陷而形成的"瑕疵美"相反，兔毫纹、油滴斑、鹧鸪斑和树叶纹等纹理之美，则是一种锦上添花的美。黑瓷本来就是以它漆黑的釉色而闻名，黑色给人一种深不可测的宁静和严肃的感觉，一直是人们喜爱的颜色，兔毫纹等便是在黑色的釉面上出现的纹理。

宋代白釉婴儿枕

宋代名窑

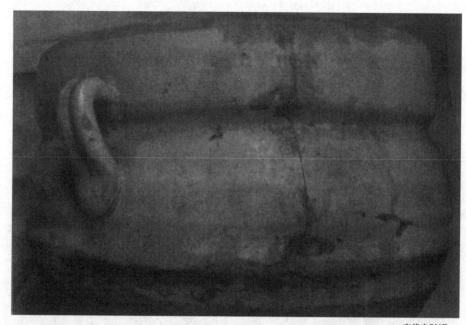

钧窑莫属。钧窑不仅以天蓝、天青、月白等青瓷与同时代的青瓷名窑媲美，更以海棠红、玫瑰紫、葡萄紫等红紫色，在众多的名窑中独树一帜。钧窑的特征表现在釉层丰厚，釉质乳浊莹润，釉纹深沉多变，釉面有明快的流动感；釉色以蓝红为基础，熔融交辉，形如流云，灿如晚霞，变幻莫测，具有引人入胜的艺术魅力。人们把这种奇妙的现象称为"窑变"。

釉色的美妙，固然与配釉及烧成有关，但其所具有的装饰简练、线条明朗、棱角突出、起伏适当的特点也增加了钧瓷窑变釉的艺术感染力。它利用造型的边口和转折部分造成的薄釉和积釉，形成深浅不同的色彩变化；利用造

宋代钧窑碗

型的出沿、出筋、出戟的凸凹线条阻止或凝聚流动的釉层，形成各种纹理变化。形与釉相辅相成，既衬托出造型的形体美，又突出了厚釉的天然美。珍藏于故宫博物院的一件北宋钧窑花盆，形状为菱花式，它以近于直线的微曲廓线构成丰润端正的形体，以凹凸变化的曲线勾勒出菱花形的盆沿和足边，腹部的棱线与菱花式口沿、足边上下呼应，和谐美观，犹如一朵盛开的菱花，富丽典雅。菱花式盆通体挂釉，釉在盆体竖面上流动，蓝红两色交融，呈现出玫瑰红色调的晚霞景色。玫瑰红色与盆体边棱部位呈现的茶黄色相衬，犹如夕阳与晚霞相辉，给人以美的遐想。

钧瓷上的窑变现象，鬼斧神工，变幻莫测。它在红、蓝、月白等基本色调上，有的色带呈光芒放射状；有的色带横向或斜向浸漫，如同云雾缭绕峰峦；有的色带纵向流淌，犹如瀑布从山巅直泻而下，气势雄浑，飘逸虚幻，颇具神韵。钧瓷窑变可贵之处是它不露任何人为造作的痕迹，完全是一种自然的形态，体现出一种"浑然天成"的美。中国古典艺术理想一贯反对雕饰满眼而崇尚质朴无华，把平淡自然看做艺术的最高境界。钧瓷窑变就是这样成功的艺术品，虽然有人工

北宋钧窑钵

宋代钧窑葫芦瓶

的因素在内，但看上去却宛如天然，体现了中国人"天人合一"的审美观念。

总的来说，宋北方窑系的瓷胎以灰或浅灰色为主，釉色却各有千秋。南方窑系的胎质则以白或浅灰白居多，追求釉色之美、釉质之美，宋人在制瓷工艺上达到了一个新的美学境界。

从造型的角度分析，宋瓷的器形比前几个朝代更为丰富多彩，几乎包括了人们日常生活用器的大部分：碗、盘、壶、罐、盒、炉、枕、砚与水注等，其中最为多见的是玉壶春瓶。

总的来说，民间用瓷的造型大部分是大方朴实、经济耐用；而宫廷用瓷则端庄典雅、雍容华贵。最能反映皇家气派的是哥、官、钧、汝与定窑口烧制的贡瓷，最能体现百姓喜闻乐见的是磁州、耀州窑口烧制的民间瓷品。

从纹饰上讲，宋瓷的纹饰题材表现手法都极为丰富独特。一般情况下，龙、凤、鹿、鹤、游鱼、花鸟、婴戏、山水景色等常作为主体纹饰而突现在各类器形的显著部位，而回纹、卷枝卷叶纹、云头纹、钱纹、莲瓣纹等多用作边饰、间饰，用来辅助主题纹饰。工匠们用刻、划、剔、画和雕塑等不同技法，在器物上把纹样的神情意态与胎体的方圆长短巧妙地结合起来，形成审美与实用的统一整体，令人爱不释手。如婴戏纹，或者位于碗心，或者位于瓶腹，将肌肤稚嫩、情态活泼的童子置于花丛之中，或一或二，或三五成群，攀树折花，追逐嬉戏，真切动人，生活气息很浓厚。

装饰纹是宋代瓷器艺术成就的一个重要组成部分。许多名窑以各具风格特点的纹样装饰，赋予生活用瓷以美的性格，而宋代瓷

宋钧窑鼓钉三足洗

宋代陶瓷简介

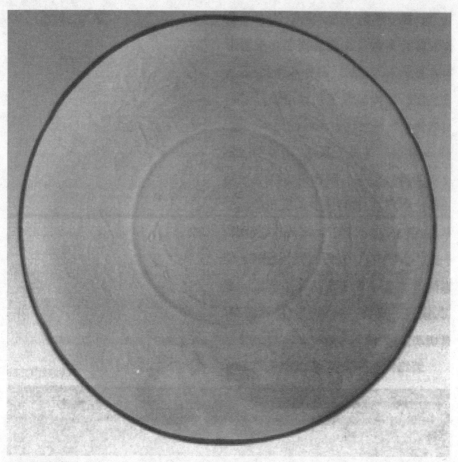

宋代定窑刻花叶纹大盘

器纹样装饰方法的广泛运用和不断创造，丰富了中国瓷器的艺术语言，拓展了瓷器艺术的审美境界。

宋代陶瓷以其古朴深沉、素雅简洁，同时又以千姿百态、各竞风流的形象为我们中华民族在世界工艺发展史上矗立起一座让世人景仰的丰碑。

三 汝窑

（一）汝窑和汝瓷

汝窑是宋代五大名窑之一，也是五大名窑之首，因为坐落在汝州（窑址在今河南省宝丰县清凉寺），因此被称为汝窑。汝窑所烧制的陶瓷精美绝伦，在中国陶瓷史上享有盛誉，占有重要的地位。

从唐代起，汝州所管辖的临汝、宝丰、鲁山等地就有着丰富的陶土和茂密的树林，从蟒川坡上的严和店到东南的罗圈、桃沟、清凉寺直到鲁山断店，方圆百里之内，分布着大量的方解石、钾钠长石、长石砂岩、叶腊石、莹石、硬质高岭土，软质高岭土、石英等制作陶瓷的主要原料。得天独厚的优质资源为这里的陶瓷生产提供了便利条件（从汝州城北的唐代墓中，曾经出土了

北宋汝窑青瓷水仙盆

宋代名窑

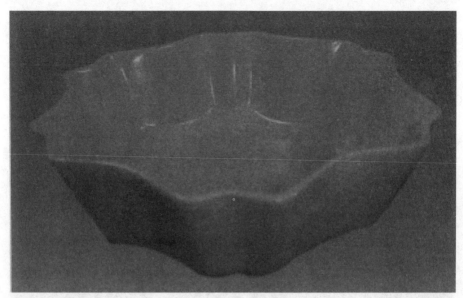

一件残破的天蓝釉汝瓷碗，是晚唐时期产品。1988 年 9 月，在鲁山县段店古窑址，也发现残破天蓝釉汝瓷缸，同样是唐代早期产品）。勤劳智慧的汝州人民在用泥土制作陶器生活器皿时，由于火候过高烧造出了不同于以往的陶器产品，它们表面光滑细腻，色彩迷人，世上少见。这一偶然的发现激发了汝州制陶艺人们的聪慧技能，在不断的摸索和改进中，制陶技术越来越成熟。

物产丰富的汝州本是商家集聚的地方，文化积淀也是由来已久，贞观盛世使汝州经济得到了空前的繁荣。汝州陶器的发展促进了陶瓷业的兴盛，汝州瓷业的兴盛说明汝州早在远古时代，造瓷工艺就已经比较先进。

北宋汝窑绿釉花口洗

北宋后期，汝窑专为宫廷烧造御用瓷器，即"汝官瓷"，简称汝瓷。汝瓷烧制主要是在宋哲宗元祐元年至宋徽宗崇宁五年(1086—1106年)的二十年间，后来汝瓷烧制技术因为宋金战乱而失传。南宋时，汝瓷已经非常难得，传世品全世界仅存六十余件，被北京故宫博物院以及台北、上海、英国、日本等博物馆收藏，是举世公认的稀世珍宝。

汝瓷胎质细腻，工艺考究，以名贵玛瑙入釉，色泽独特，随光变幻。它的釉色如雨后晴空的天蓝色，温润古朴，抚摸釉面，平滑细腻，像是美玉。器物表面有蝉翼纹般细小开片，釉下有稀疏气泡，在光照下时隐时现，像晨星闪烁，在胎与釉的结合处微现红晕，给人以赏心悦目的美感。汝瓷有着丰富的文化内涵，它古朴、典雅、宁静、大气，象征着纯洁、平安、吉祥和富贵。对汝官瓷的拥有和欣赏，体现着一个人的社会地位、文化层次和艺术涵养。

由于汝窑采用支钉托烧的叠烧技法，创造了印花青瓷的独特装饰风格，因此成为中原地区的重要窑口之一。特别是北宋以来，

宋代汝窑盘

汝窑

瓷业昌盛，各窑口相互竞争，汝窑印花青瓷工艺，传遍四方。汝瓷的装饰，丰富多彩，在民间备受欢迎，所以各地竞相仿制。从目前考古调查可以知道，河南地区宋元以来为民间烧造青瓷的窑口，有原汝州地区的临汝窑、鲁山窑、宝丰窑、郏城（即今郏县）窑，还有许昌五楼村窑、禹县钧台窑、新安城关窑、宜阳窑、内乡大窑店窑以及黄河以北的焦作窑、鹤壁窑、安阳窑等。这些窑口规模不同，装饰技法和艺术风格也各有特色。

临汝窑位于汝州的中心区域，生产规模和工艺技术都处于领先地位，它出产的

宋代汝窑莲花式温碗

宋代名窑

印花青瓷绝大部分有凸起的阳纹，叶、脉也多用点线纹表现，纹饰题材以缠枝、折枝花卉为主，内容有云山禽鸟、海水游鱼，也有各种花卉图案，比较有名的题材有"莲生贵子""宝塔秋菊""缠枝牡丹""盛夏竹叶""白莲出水""鱼鸭游戏""牡丹莲花""转纹折迭"等。在表现手法上，更是独具匠心，有的花朵盛开，有的含苞欲放，有的海水波澜滚滚，有的则细水涓涓，风平浪静，还有的鱼鸭水中漫游，给人以宁静之感。总体来说，构图严谨，疏密有致，图案清晰，做工精良。汝窑还生产当时的日常生活实用品，既实用又富于装饰，具有浓厚的民间艺术特

北宋新安窑钧瓷盏托

色。

　　新安城关窑的刻花装饰工艺精湛，图案清新富丽，在同类窑中工艺出众。以犀利的刀锋、流畅的线条，在同一件制品上内外刻花，更显得潇洒自如。另外，该窑的贴花莲瓣灯、百折洗、刻花莲瓣碗的制作，不仅造型优美俊秀，而且修坯工整精细，显示了新安城关窑制作工艺技术的高超。

　　宜阳窑产品也善于装饰，器物除一部分光素无纹外，刻花和印花者占绝大多数，还有少量的划花或刻、划兼作，以及划、刻、

宋代汝瓷刻花鹅颈瓶

剔的制品。在装饰纹样中，以花卉为主，另一种是海水游鱼，花卉题材可分为缠枝、折枝、交枝花卉、团菊纹和莲瓣纹等。除此之外，还有海水波浪纹和游鱼水藻纹。前者使用放射状的波纹，并用蓖点衬托，象征着汹涛逐浪；后者则在印有两尾鱼的身旁印上水藻阳纹加以映衬，游鱼形象生动自然，水藻则显平静，颇有静水漫游的气息。

禹县钧台窑汝青瓷的装饰，以印花为主，刻花较少，已发现的刻花汝瓷盒，不仅造型美观，而且刻工精细、刀法熟练，器表满刻菊花图案，盒盖的边缘以鼓钉纹样衬托，具有较强的艺术效果，这类产品属于钧台窑刻

北宋临汝窑青釉刻花盘

　　内乡大窑店窑的汝瓷装饰，大部分是凸起的阳纹，纹饰题材大体分为花卉与水生物两类。花卉题材包括缠枝、折枝、交枝花卉和团花纹等，线条流利生动，图案优美大方。而水生动物的题材又可分为两种：一是以海水纹为主，在水浪中有海螺、游鱼、荷叶映衬；另一种是用鱼纹装饰于器物的内底上，图案生动有趣。该窑的印花纹饰和临汝、宜阳、新安窑都有差异，上述各窑印花较浅，施釉后，纹饰虽十分清晰，但用手摸时，仍有低凹的感觉而内乡窑印花标本有的印纹较为高起。上述各窑印花碗的外壁，多刻荷叶筋纹，这在内乡窑中是看不见的，内乡窑保持了自己的独特的图案风格。

正是由于内乡大窑店窑产品丰富，种类繁多，不仅保持了汝窑的传统瓷艺，又具有自己的独特风格，烧造出一批精良作品，因此得到北宋皇宫的赏识，将民窑笼络为官窑或派职官进行监烧。从该窑采集的标本中在一件青釉器的残片上，刻有"窑司"字样，而"窑司"应该是宋代主管窑务的窑司对自己承烧制品窑口进行监烧的实物见证。汝窑为宫廷烧制的御用品，做工精细、胎坚致密、釉层浑厚、清澈温润、青雅素净、质美蕴蓄、光泽柔和、富有水色、开片密布、隐若蟹爪，芝麻花的艺术效果真可谓工艺精湛、技艺卓绝，为我国古代陶瓷发展史谱写了光辉的篇章。

北宋临汝窑青釉盏

然而由于汝窑为宋皇宫烧制御用瓷器，不仅造价高，而且受到许多限制，所以产量不大。金兵南侵，宋朝南迁之后，汝窑和其他各窑一样，遭到同样的厄运，窑废人亡，有些窑工也迁到南方，使得这一精良瓷艺技术

汝窑天蓝釉莲花尊

失传。金元时期，对恢复汝青釉生产虽然采取了一些措施，但还是日渐衰落。到了明代，已全部停止生产。曾在历史上大放光彩的汝瓷，逐渐被其他产品所代替。

由于文献记载不详，遗址出土很少，汝官窑口在什么地方一直困扰着中国古陶瓷研究人员。自 20 世纪 50 年代开始寻找汝窑，直到 80 年代才在河南省宝丰县发现。经过中央和河南地方文物考古工作者数十年的不懈努力，终于在河南宝丰县清凉寺村找到了为北宋宫廷烧造的御用汝瓷的窑口。

宋代汝窑烧制技艺在失传八百多年后，20 世纪 50 年代又获得了新生。建国后，经过科技人员几十年的奋力攻关，对汝窑遗址反复勘察，又经过多年试验，终于使汝瓷重放异彩，汝瓷天蓝釉试制成功，汝瓷豆绿釉隧道窑一次烧成，汝瓷天青釉、卵青釉和月白釉的试验也先后通过省和部级鉴定，在 1986 年还获得了国家金杯奖。所恢复和仿制的产品，不仅造型相同，而且釉色相近，有的产品几乎达到以假乱真的程度，深受国内外消费者的欢迎。汝窑的新发现，不仅在陶瓷考古的学术领域取得成果，而且从"古为今用"的角度为陶瓷业的振兴提供了重要的参考资料。

（二）汝窑瓷器特点

窑瓷器以青瓷为主，釉色有粉青、豆青、卵青、虾青等，汝窑瓷胎体较薄，釉层较厚，有玉石般的质感，釉面有很细的开片。瓷器底部留下细小的支钉痕迹。器、物本身制作上胎体较薄，胎泥极细密，呈香灰色，制作规整，造型庄重大方。器形多仿造古代青铜器式样，以洗、炉、尊、盘等为主。汝窑瓷器最为人们称道的是其釉色。

宋代汝窑粉青釉莲花钵

宋代汝窑天青釉琮式瓶

汝窑瓷器有以下几个特点：

青如天：青釉色在不同的光照下和不同的角度观察，颜色会有不同的变化。在明媚的光照下，颜色会青中泛黄，恰似雨过天晴后，云开雾散时，澄清的蓝空上泛起的金色阳光。而在光线暗淡的地方，颜色又是青中偏蓝，犹如清澈的湖水。

面如玉：青绿釉能从内反射出红晕。釉子稍厚处，如凝脂般将青翠固化，又如腊滴微淌，将玛瑙熔化之后而又将其垂固。釉子稍薄处，如少女羞涩面现昏红，又如晨曦微露，将薄云微微染红。釉面滋润柔和，纯净如玉，有明显酥油感觉。抚之如绢，温润古朴，光亮莹润，釉如堆脂，以素静典雅、色泽滋润纯正、纹片晶莹多变为主要特征。视之如碧峰翠色，有似玉非玉之美。

蝉翼纹：用"蝉翼纹"来形容汝官釉面的开片最为形象。前人用"蟹爪纹"来形容，这里有两种说法。第一种："汁中棕眼隐若蟹爪"，是说釉面上因气泡破裂而产生的棕眼犹如螃蟹走过沙滩而留下的蟹爪印；第二种是形容瓷器表面开片的长短无序，呈不规则交错状犹如蟹爪。一般认为，所谓"蟹爪纹"是在瓷器开片的一条主纹上，另生出一条次纹，形成一个"Y"型（蟹爪），然后在次纹的一边又生出一条次纹，形成又一个小一点的"Y"型（蟹爪）……就像一棵树主干生出大枝，大枝生出中枝，中枝生出小枝一样。

宋代汝窑香熏炉

宋代汝窑弦纹尊

　　晨星稀：汝窑器釉厚，釉中有少量气泡，古人称为"寥若晨星"，在光照下时隐时现，似晨星闪烁。汝窑瓷片的断面，肉眼可见一些稀疏的气泡嵌在釉层的中、下方。用放大镜于釉面上观察，中层的这些气泡，于釉层内呈稀疏的星辰状，大的如星斗。但是，蕴藏在釉层最底下的另一部分气泡，从釉面上则很难透见。汝瓷在胎体的釉层间，有一排肉眼可见的大小气泡，这类同宋龙泉、南宋官窑等青瓷体系釉内气泡排列有异的景象，属玛瑙釉的又一特征。同时表明，玛瑙的黏度很强，以至于釉内与胎体中的空气在烧制过程中无法正常溢出，较多的被封闭在釉的下层。

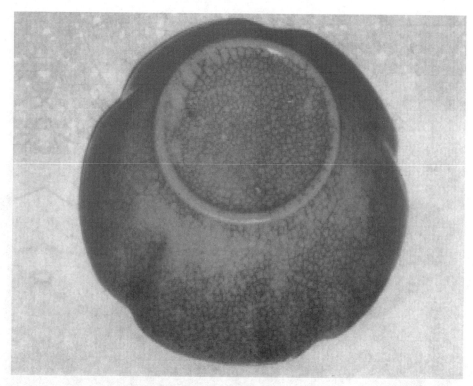

　　芝麻支钉釉满足：高濂的《遵生八笺》说汝窑"底有芝麻细小挣钉"。在器物底部可以看见细如芝麻状的支钉痕，痕迹很浅，大小如粟米，汝窑的钉痕大部分如芝麻粒那么大，这是其他瓷窑所少有的。

　　棕眼：釉面的气泡在窑中焙烧时爆破后未经弥合而自然形成的小孔。

　　鱼子纹：鱼子纹是指在汝瓷釉面上有片状泛黄有异于汝瓷天青釉面的色块。对鱼子纹的解析说法不一，一般认为是釉面细小的开片细若鱼子。许之衡《饮流斋说瓷》中写

宋代汝窑三足瓜楞高足盘

道："汝窑在河南汝州，北宋时所创设也。土脉细润，如铜体，有厚薄，汁水莹润。有铜骨无纹者，有铜骨鱼子者……"但是鱼子纹是汝瓷的非典型特征。

四
钧
窑

宋代钧窑瓷碗

（一）钧窑的历史

在中国陶瓷发展史上，钧瓷一直是伴着君王的情感而存在发展的。如果说宋代钧瓷以清纯淡雅的优秀风格卓立于世，那么鼓舞着这种作品问世的，应当是奠定大宋王朝基业的一代霸主——后周的柴世宗。柴世宗酷爱瓷器，常常下旨征求精品力作，"雨过天晴云破处，诸般颜色做得来"便是典型的一个例子。

据考证，"雨过天晴云破处"是一种复合色，以白云悠悠的背景，衬托出一片空澄的蓝天。其高远、幽静、空澄、恬美、优雅、畅怀、悦目、舒心、旷达的审美感受，不只是停留在审美体验上，而是一种动态的理性感悟，有一种渴望，一种征服者的欲望，而这种美，绝不是臆测的当今柴窑瓷器所能达到的，只有阳翟的钧瓷时稳时现地放射出这种美丽的光芒。那种天青天蓝月的优雅审美折射出极尽天涯归路的思辨和感悟，鼓舞着宋代钧瓷的诞生和发展。从某种意义上讲，柴世宗理想的瓷器就是钧窑瓷器。

北宋末年徽宗赵佶在位时烧制的钧瓷最为典型，这也是钧瓷发展史中最为灿烂的阶段，这与崇尚道教、自封为教主道君皇帝的宋徽宗有着密切联系。这位历史上的昏君，虽治国无方，却对艺术有着独特的钟爱和天赋，尤爱钧瓷别具的神韵。因此，钧瓷以瑰丽多变的釉色、庄重古朴的造型、特殊的审

宋代钧窑出戟尊

宋代钧窑渣斗

美风仪、丰富的文化内涵，以及别具个性的治世思维，卓立瓷林、入主宫廷，成为真正意义上的御用珍品——君王之瓷。

钧窑是一座官办窑（窑址在今河南省禹州市城内的八卦洞）。北宋后期，为供应皇室需要，从浙中征收大量的珍异花木竹石，称作"花石纲"。为此，朝廷在禹县设立了官钧窑，烧制各式花盆、奁、鼓钉洗等陈设用瓷，用来盛装精美的花木竹石，可谓相得益彰。当时的制作要求十分严格，器物底部都刻数位，用来表示器物大小，或者用来使盆和托对号入座，不至于弄混。官钧窑生产规模小，烧造时间也短，随着

宋朝的南迁而衰败。在元代,其质量已明显不如以前,并于元末停止烧制瓷器。

(二)钧窑瓷器的特点

在造型方面,宋代钧瓷多以器皿类造型出现,如花盆、花托、瓶、洗、杯、奁、尊、碗、盆、盘、壶、炉等。其中用来养花的花盆类居多,其次是文房用品类的洗、盆等,再次是审美的、寓意权贵的、祭祖用的瓶、尊、炉、鼎等,这三类作品已经从简单的日用品类上升到精神需要,标明钧瓷的功能是致力于审美需要的,突出一种雅的品位。

在釉色方面,宋代钧瓷表现出丰富多彩的风貌,这也是它独具的个性。主色调除天

宋代钧窑鼓钉三足洗

青、月白类外，还有罕见的玫瑰紫、海棠红、玛瑙红、葱绿、豆青、天蓝等。该釉色的出现改写了"青白瓷一统天下的历史"，因此被称为创举，这也是钧瓷对陶瓷业做出的最大贡献之一。

宋代钧瓷釉质莹润、含蓄，呈乳浊状，有着绚丽多姿的审美风韵，"似玉、非玉、胜于玉"说的是宁为玉碎，不为瓦全的民族气节和温文尔雅的做人品质，这样的审美体验也使它成为皇室的喜爱之物。

宋代钧瓷的足部处理最具个性，除圈足外，支足多采用如意之兽处理，隐含有镇宅辟邪的道家传统，同时又含有与天同寿的美好愿望。支足数目多为三足，表示天地人三才合一，三位一体，追求天人合一的境界。

从烧成工艺方面看，它已具备了当今钧瓷烧制的工艺特征，素烧强固胎体，釉烧呈光泽色彩的二次烧制工艺，这在钧官窑遗址中可找到证据。在施釉方面还表现在足底施满护胎釉，支钉烧成，这是五大历史名瓷共同的特征，是御用官瓷精细的标志之一。

钧瓷的传世品以尊、炉、瓶、洗、花盆、盆托居多。

（三）钧窑瓷器的一些传说

1. 钧瓷底码

传世的宋代钧官窑产品中，以底部刻有汉字数码的钧瓷最为珍贵。关于底码还有这样的传说：从宋朝徽宗开始，钧台窑被宫廷所垄断，产品器型都要按皇宫设计的样式进行生产，并定期向皇宫进贡。仁宗时期，又到了进贡瓷器的日子，钧台窑一个姓杨的督窑官，把烧好的钧瓷挑了又挑，共挑得葵花式花盆及盆托十套、莲花式花盆及盆托十套、

宋代钧窑天蓝釉盏托

其他样式花盆及盆托十套、鼓钉洗大小六套，共计三十六套钧瓷精品。

他将这三十六套钧瓷送到汴京，先要送到王府，经内务大臣王强过目。这王强是个奸臣，也是个贪官。他查看完三十六套钧瓷后，问督窑官："还有没有？"杨督官答："就这些，没有了。"王强的意思是，凡到我王府来的人，谁不送点礼，上点儿货什么的，你不可能就这么空着手来。杨督官是个老实人，直性子，他哪懂得王府的这些规矩，也听不出王强的话外音。就为这，王强非常不高兴，对杨督官怀恨在心。等杨督官一走，王强就开始打起了坏主意：干脆把钧瓷砸碎几件，就说

宋代钧窑丁香紫釉瓶

宋代名窑

督窑官失职，路上把皇上心爱的宝贝给打烂了。又一想，不行，这三十六套钧瓷可是完整无缺地送到我王府来的呀，这事人人皆知。要说打烂的话，岂不是引火烧身，搬石头砸自己的脚吗？王强思前想后，没了主意。

却说王强有个幕僚，叫苟耀仁，这家伙一肚子坏点子。他见自己的主子愁眉不展，问清缘由后，眼珠一转，对着王强的耳朵耳语了几句，王强听着，脸色由阴转晴，一会儿变得眉开眼笑，连声说："妙！妙！"

第二天，王强上朝把三十六套钧瓷送到宋仁宗跟前。宋仁宗一看釉色，很高兴，再一看器型，又变得很不高兴。原来，这些花盆与盆托都不配套，小花盆放在大盆托上，

玫瑰紫釉海棠式花盆

钧窑

宋代钧窑罐

大花盆放在小盆托上，有的甚至放不下，十分难看。这就是苟耀仁给王强出的坏主意。眼看着宋仁宗就要发怒，王强在一旁暗暗高兴："姓杨的，这回不砍你的头，也得革你的职！"满朝文武大臣也面面相觑，不敢言语。正当这关口，从文臣行列里走出一人，大家一看，是宰相寇准。这寇准是个大清官，他看出王强这个奸贼又在使坏，就对宋仁宗说："启禀皇上，臣有本启奏。"仁宗说："爱卿请讲！"寇准说："这些花盆和盆托不是不配套，而是摆放得不对，请允许督窑官再摆一次。"仁宗准奏，传督窑官入朝。杨督官就把花盆和盆托重新摆放一遍。这样一来，花盆与盆托大小配套，恰到好处。宋仁宗转怒为喜，赏了些银两给杨督官，就让他下殿回钧台官窑场去了。

杨督官回到钧窑场，犯了愁，思前想后，觉得在朝廷上若不是寇准大人给讲情，差点儿把性命给丢了，这王强也太坏了。明年还要进贡钧瓷，王强若要再加害自己怎么办？为这事，杨督官是饭也吃不下，觉也睡不好，想不出个好办法。

一天晌午，窑工们正在吃饭，有个要

饭的白胡子老头儿颤颤巍巍地来到钧窑场乞讨。这老头儿穿得破破烂烂，浑身肮脏。有人见了想把他撵走，杨督官拦住说："谁没有个难处，给他些饭菜吧！"白胡子老头儿就在这里吃了一顿饱饭。吃完饭，那老头儿对杨督官说："老夫已经好长时间没有吃过饱饭了，你真是一个好人。老夫临走时送你几句话，可能对你有用处。一对一，二对二，背朝天，写数位。"说完，那白胡子老头儿就走了。杨督官听得真切，心想：看那白胡子老头儿不像凡人，莫非是知道我的心事，特来点化于我？但这几句话又是什么意思呢？杨督官想呀，想呀，整整想了三天，功夫不负有心人，最后终于解开了这几句话

宋代钧窑葵口洗

钧窑

的含义。这"一对一，二对二"是说同一型号的花盆配同一型号的盆托；"背朝天，写数位"是说把产品翻过来，底朝天，在上面刻上数码字。杨督官想：有了数码为证，花盆配套时就不会出差错，往后就不怕奸臣使坏了。

从那以后，钧台官窑烧制的钧瓷花盆与盆托底都刻上了底码。到后来，只要是同一器型但不同尺寸的钧瓷，也都刻上了底码，表示大小区别。所以，今天我们看到的传世宋代钧官窑产品，很多底部都刻有数码。

2. 钧瓷的蚯蚓走泥纹

据说禹州城北关的颖河水很深，水里

宋代钧窑蚯蚓走泥纹瓷盘

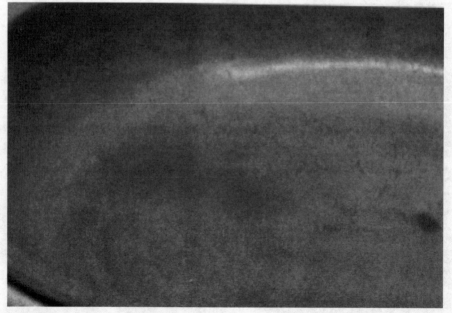

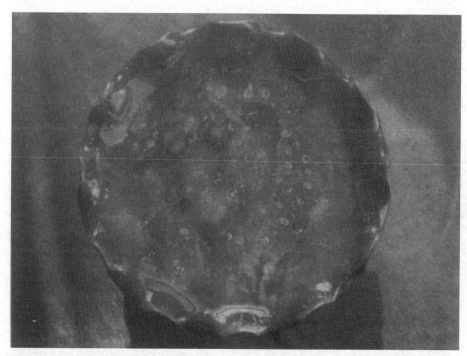

边生活着鱼鳖虾蟹等水族。水族有个共同的首领，叫头王。这头王至高无上，掌握着水族们的生杀大权，厉害得很。

蚯蚓那时候也生活在水里，和螃蟹、虾一样，在水里游来游去。蚯蚓还和螃蟹是很要好的朋友。

有一天，螃蟹头上的两个钳子无意间夹断了虾的两根长须，虾就到头王那里去告状。虾偷偷送给头王一颗米粒大的夜明珠，头王一见十分欢喜，就收下了。常言道：吃人家的嘴软，拿人家的手短。头王受了贿，就向着虾说话，于是判螃蟹死罪，要用炉火烧死螃蟹。

蚯蚓听说了这事，心里不平，就去找头王评

宋代钧窑月白釉瓶

理，头王哪能听得进去，不由分说，也判蚯蚓与螃蟹同罪，一块处死。

两个行刑的水鬼押着螃蟹和蚯蚓来到岸上，四处寻找有炉火的地方。转来转去，来到颍河南岸的钧窑场，刚好有窑工们正在装窑。两个水鬼就乘人不备，把螃蟹和蚯蚓装进了放钧瓷釉坯的笼里。螃蟹趴在一个鸡心盘上，蚯蚓爬进了一个鼓钉洗里。两个水鬼在暗地里看着窑工们把窑装齐，封住了窑门，就返回水里向头王复命去了。

一会儿，窑工们就把窑点着了火。顿时窑里烟雾弥漫，熏得螃蟹直流眼泪，眼泪都涌在了鸡心盘上，它受不住了，就挣扎着往盘外爬，终于爬出了盘子。这时，窑里温度已升起来了，螃蟹还是被烧成了灰。蚯蚓也从鼓钉洗里往外爬，但鼓钉洗边沿儿高，蚯蚓爬得又慢，没多会儿也被烧成了灰。

这窑钧瓷住火后开窑，窑工们发现有一个鸡心盘里，出现了不少像螃蟹爪子一样的纹路，并且有很多珍珠点；有一件鼓钉洗上出现了很多像蚯蚓一样的纹路。窑工们觉得这两种纹路很好看，就分别起名叫"蟹爪纹"和"蚯蚓纹"。

说来也怪，以后凡是在这个窑里烧出的钧瓷，窑窑都有一两件带蟹爪纹和蚯蚓纹的，间或还有珍珠点出现。窑工们都感到神奇，不知是怎么回事。但是颍河里的水族们知道

宋代钧窑笔洗

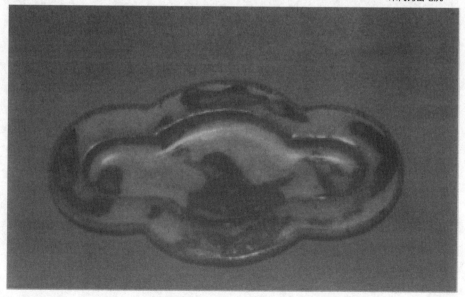

钧窑

鸡血红釉折边盘

这是由于螃蟹和蚯蚓是被冤枉的，不该死罪硬被判成死罪的缘故。螃蟹和蚯蚓被炉火烧死后，蚯蚓的后代们觉得这个头王太不公道，不想再在水里受欺负，就搬家来到了陆地上，拱到土里去待着。但完全离开水还不行，看哪儿湿，就往哪儿去，还经常在湿泥地上爬来爬去。后世的人见了，知道蚯蚓会拱土、走泥，人们就把"蚯蚓纹"改称为"蚯蚓走泥纹"。

3. 钧瓷的鸡血红

清朝末年，禹州神后镇有个老窑工名叫王金。王金老伴去世早，身边只有一个养子，家境贫困，靠捏泥巴烧窑糊口。

一天夜里，王金在梦里听见有人轻轻喊他："王金醒来，王金醒来！"王金睡得正香，心

里很是不快，看看周围连个人影也没有，翻个身又睡着了。不大一会儿，只见一道红光，把小屋映得如同白天。王金爬起来一看，一位红光满面的白发老人坐在床前。老人对王金说："你辛苦劳累了一辈子，一直不得温饱，立志为穷人烧造精美的钧瓷，可是不得秘诀。老君叫我点化你，但仙凡有别，天机不可泄露，我写两个字，你可以慢慢领悟。"说罢，拿起一根木棍儿在地上划起来。王金细看，原来是"心血"二字。他不解其中意思，正要细问，老人把手一摆，捋着胡子说："你不必多问，天机不可泄露。得秘诀以后，子孙相继，不可盘剥他人，不然上天不容。"老人说罢，转眼不见了踪影。

第二天，王金醒来，原来是一场梦。说起

宋代钧窑莲花碗

王金的手艺，真是百里挑一，他捏出的盆、罐、鸟、兽等对象，造型巧妙，做工精细，活灵活现，但是就因为掌握不了火候变化规律，釉色不好，这使他很伤脑筋。看看自己已是两鬓白发，一生愿望不能实现，很是痛心。眼下仙翁指点，需用"心血"才能成功。可这"心血"又到哪里去找呢？王金左思右想，也没办法。最后拿定主意，决心自己以身试火，以身心换取烧造钧瓷的良方。

王金主意已定，把养子王小叫到跟前。这王小是外乡人，因家乡连年荒旱，颗粒

不收，父母被饿死，逃荒来到神后镇。王金见他
聪明、勤快，就把他收为养子。王金把自已梦见
仙翁指点，准备以身试火寻求烧瓷秘诀的事告诉
了他。王小虽说是养子，对王金比亲生父亲还要
孝顺。他听说爹爹要这样做，"扑通"一声跪倒
在王金跟前，哭着说："爹爹万不可这样做，仙
翁要你寻求烧瓷秘诀，不是叫你去送死啊！"王
金拉起王小，说："为了窑家万代昌盛，我情愿
这样，你不必多说了。"王小见父亲主意已定，
一时劝不过来，就暗自留心关照好父亲。

　　这一天，父子俩装好窑，生起了火。一连烧
了三天三夜，只见窑里浓烟滚滚，不见火苗往上
蹿。以往只烧三天就能挂色，可这回情况实在反
常。王金双眼布满血丝，扭过头对王小说："孩

宋代钧窑天蓝釉紫红斑鸡心
罐

宋代钧窑天青釉盘

子，你去给我拿个馍来！"王小不知是计，回身拿馍去了。王金眼望苍天，嘴里咕哝着说："苍天若是有灵，不负老汉一生心血。"说罢，脱去衣服，爬上窑顶，纵身跳进熊熊的窑火里。

这时，可急坏了那白发仙翁，他在窑旁边整整守了三天三夜，只等今晚助王金一臂之力。谁知王金错解天意，只身跳进了窑火里。他跺着脚，叹了口气说："罪过！罪过！"看着事情已不可挽回，随手点化，只见窑里浓烟消失，红浪翻滚。王小拿馍回来，见父亲的衣服脱在窑口，知道父亲投火身亡，大哭一声，昏死过去。

王小昏死后，魂魄不散，转悠悠来到大刘山上，看见一位白发老翁正和爹爹谈话。

王小急忙赶到跟前，拉住老翁说："老仙翁，求求你救救俺爹吧！"老翁面带愧色说："这是天意，命该如此。以后你继承父业，救济穷人吧。"说罢，拉着王金飘上天空。王小醒来抬头一看，半空中飘下一张纸条，上面写着：可用鸡血代替。

王小哭着对乡亲们说了原委，并在烧钧瓷时用鸡血祭窑。果然，出窑后的钧瓷釉色非常好看，最好的就算鸡血红了。另外还有玫瑰红、海棠红、茄皮紫等颜色。从此，钧瓷里添了一种珍品鸡血红。

后来人们为了纪念王金，在神后的窑堂里和窑前都塑起了王金火神像，以保佑烧窑不出事故。现在还有人传说，在窑火点燃三天三夜的时候，还能看见王金的身影呢。

宋代钧窑玫瑰红釉鼓钉洗

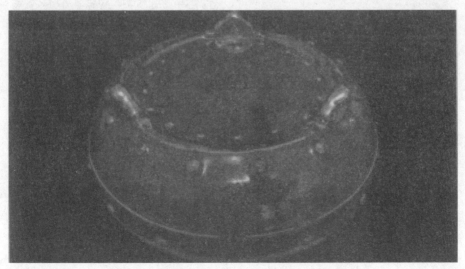

宋代钧窑天蓝釉紫斑钵

4. 金骨花釉:

古时候,在禹州有个窑工叫小军,以烧雨过天晴色钧瓷为生。小军为人忠诚厚道,勤劳朴实,心肠也好。

有一天,小军上山去找土,看见路边有一个月季花骨朵儿不知被谁踩倒了,赶紧跑过去把它扶正,又用一根棍把它支好,然后就走了。到了晚上,小军做了个梦,梦见一个姑娘来到他面前。那姑娘说她是月季仙子,白天多亏了小军搭救,不然的话就命丧黄泉了。为感谢小军救命之恩,特来告诉小军两件事:一是山的最高峰尖上有种金矿石,山脚下有一种铁矿石,山的左边有一种铜矿石,山的右边有一种锡矿石,山的正中间有一种银矿石,把这几种矿石都采回来,可以配成钧瓷胎骨;二是山上的月季花每月开一次,每次开的颜色都不同,每月月中当花开得正艳时,可以上山采集月季花配成釉药。这样,烧的钧瓷就会变得十分好看。说完这些,月季仙子就不见了。

小军醒来,将信将疑,抱着试试看的想法,扛着镢头挎着篮子上山了。还

真不假，小军在山顶刨了五十下，刨出了黄澄
澄的金矿石；在山脚下刨了五十下，刨出了红
鲜鲜的铁矿石；在山左边刨了五十下，刨出了
亮闪闪的铜矿石；在山右边刨了五十下，刨出
了黑黝黝的锡矿石；在山正中间刨了五十下，
刨出了白亮亮的银矿石。小军高兴地把这五种
矿石扛回了家，用碓杵杵碎配到钧瓷胎骨里。

　　每月月中，等山上的月季花盛开时，小军
就到山上去采集各色月季花来配成釉药。一年
十二个月，月月如此。

　　钧瓷的胎骨配成了，釉药也配成了。小军
又用了五十天时间，终于烧出了五颜六色的像
盛开的月季那样美丽的钧瓷。俗话说：真金不
怕火炼，真铁不怕火锻。在小军烧的钧瓷花瓶
口沿上都有一圈金边，瓶的底足是铁色的，这

宋代钧窑紫釉尊

叫"金口铁足"，是金矿石和铁矿石在胎骨里起的效应。那么铜、锡和银矿石呢？这几种矿石经火一烧，高温下都与胎骨化成一体，变成灰色的了，所以钧瓷胎是灰胎。

后来，人们都说钧瓷的胎骨是金、银、铜、铁、锡五种金属变成的，钧瓷的釉色是月季花变成的，合在一块就叫"金骨花釉"。

五 官窑

宋代官窑葵口洗

（一）官窑的历史

　　官窑是宋徽宗政和年间在京师汴梁（今河南开封）建造的，窑址至今没有发现。宋官窑是中国历史上第一个真正意义上的宫廷御窑，皇家宫廷画院画样，选民间能工巧匠，不惜工本，精心制作。生产产品全部归宫廷所有，由皇家独享。再加上工艺对民间严格保密，使宋官窑越发显得神秘。现在很多人还不能弄清宋官窑仿制品与真品之间的巨大差别，而且宋代官窑瓷器历代没有出土的记录。由于战火和黄河多次改道，北宋官窑遗址埋藏在开封地下难以考证，开封地下水位很高，汴京官窑遗址之谜恐怕将成为千古之谜，只有南宋官窑有考古发现。所以许多的工艺失传，许多的工艺水平即使现代都难以达到。可以说，宋朝遗留下的官办瓷器几乎都价值连城。

元朝相信武力制国，所以最高统治者大部分是马上皇帝，一般都会武功、骑马射箭，精通战术。在元朝时战争频繁，为扩展疆土、平息叛乱而经常打仗，所以最高统治者没有时间享受。统治期间由于元青花瓷器的出现，审美的转移，再加上元人不喜欢具有文人含蓄、幽雅特点的宋官瓷器，在消灭南宋的过程中，元兵进城时不但烧毁了南宋临安京城（今杭州）的绝大部分宫廷建筑和皇家设施，而且还挖掘了南宋历代帝王的陵墓并全部破坏、捣毁，连同南宋官窑窑厂一起摧毁。在元大都（今北京），有元人武士用官、汝瓷

宋代官窑玉壶春瓶

器换牛肉吃的故事。用于祭祀、观赏、陈设用的官窑器本来产量就少，窑厂的被毁，更是对宋官窑瓷器数量造成了空前的浩劫。

元、明、清时，仿制官窑瓷的人很多，而且风格各异，被称为仿官窑或官釉，但他们的制作工艺已不能与宋代官窑相媲美。北京故宫博物院和台北故宫博物院收藏的历代宫廷旧藏官窑与哥窑名瓷，再加上流散在海内外的，总数也不过三百件左右，以至于个别名瓷破损残片也被视为至宝，宋官窑瓷之名贵由此可见一斑。由于宋代官窑是中国瓷器历史上第一个真正意义上的宫廷御窑，带有贵族成分，也特别适合文人与士大夫的审美情趣，清乾隆帝特别

宋代官窑葵瓣洗

宋代名窑

欣赏宋代官窑与哥窑，作诗称赞说："铁足圆腰冰裂纹，宣成踵此夫华纷。"所以数百年来，尤其明清两代皇家极力收藏官窑瓷。

（二）官窑瓷器特点

官窑主要烧制青瓷，大观年间，官窑以烧制青釉瓷器著称于世。主要器型有瓶、尊、洗、盘、碗，也有仿周、汉时期青铜器的鼎、炉、觚、彝等式样，器物造型往往带有雍容典雅的宫廷风格。其烧瓷原料的选用和釉色的调配也甚为讲究，釉色以月色、粉青、大绿三种颜色最为流行。官瓷胎体较厚，天青色釉略带粉红颜色，釉面开大纹片，这是因胎、釉受热后膨胀系数不同产生的效果，也是北宋官窑瓷器的典型特征。北宋官窑瓷器传世很少，十分珍稀名贵。宋代官窑瓷器不仅重视质地，且更追求瓷器的釉色之美。其厚釉的素瓷很少施加纹饰，主要以釉色为装饰，常见天青、粉青、米黄、油灰等多种色泽。釉层普遍肥厚，釉面多有开片，这种开片与同期的哥窑有很大不同，一般来说，官窑釉厚者开大块冰裂纹，釉较薄者开小片，

宋代官窑贯耳瓶

官窑

宋代官窑鸟食罐

哥窑则以细碎的鱼子纹最为见长。

真正的宋代官窑精品尤其体现在釉质上：釉层滋润，介于丝绸光泽与"羊脂"般的美玉质感之间，鱼子纹的晶莹奇妙之处不可言传，却与"做旧"后的乌光质感绝然不同。由于技术的保密，使得后世的收藏家与制瓷专家们只能用各种方法去猜测它的工艺。像这种如玉的釉质，古朴淡雅的"油酥光"仿制起来非常困难，始终不知它的秘诀。宋官窑器给人的印象是乍一看时并不起眼，但如果长时间品味，则会被那份特别的历史沉淀与淡雅的含蓄之美深深吸引，令人回味无穷。宋官窑器手感平滑细腻，釉色莹润如玉青中泛红，像是涂了一层粉。表面虽然晶莹光亮却没有一般青瓷那种浮光，闪现着含蓄温润的光泽，精光内蕴，有凝重深沉的感受。在不同光线条件下呈现相对差异的色泽，在强光线下釉如翠一般透亮，在弱光线下如脂玉般润滑，也是宋官窑青瓷器的特点。遍身鱼子纹（有细眼似的叫"鱼子纹"），迎光斜视，闪着点点的结晶。釉像翡翠色，呈现出酥蜡泪痕堆脂状，因此，器上常有无釉之处，显露出棕灰色胎骨，当时的风尚颇以这样的釉汁不均匀现象为美。

宋代官窑弦纹瓶底部

宋代官窑弦纹瓶

由于北宋官窑至今没有找到窑址，文献记载也很少，从故宫博物院所藏传世品看，被认为是北宋官窑的这批瓷器的胎子是紫黑色的，施釉很厚，莹润如堆脂，粉青或天青色，开稀疏的大纹片。施釉后略有流淌，口部等釉薄的地方隐约露出胎色。因此，紫口是北宋官窑的一大特点；裹足支烧、器底有芝麻钉痕迹是另一大特点。

官窑和汝窑一样，以釉色为美，没有纹饰，立器只有凹下或凸起的弦纹或边棱。器型种类较少，除了盘、葵口洗以外，多仿古青铜器的造型，如长颈瓶、贯耳瓶、贯耳尊、兽耳炉等。宋室南迁后，在临安（今杭州）建都。从已出土的大量瓷片看，南宋官窑瓷器的胎子呈深灰、灰褐、灰黄等色。胎有薄厚两种，即胎厚釉薄的和胎薄釉厚的。釉厚的瓷片从断面可看出施釉痕迹，一层一层很清晰。釉子温润似玉，也有比较光亮的。釉色有粉青、天青、灰青等，开比较细碎的纹片。南宋官窑既有裹足支烧的，也有垫烧的，器底大而薄的往往采用支烧与垫烧共用的方法来保证质量。

六 哥窑

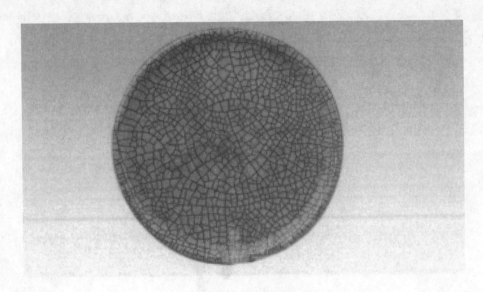

宋代哥窑盘

（一）哥窑的历史与传说

哥窑是宋代五大名窑之一，窑名最早在明初宣德年间的《宣德鼎彝谱》中出现。在嘉靖四十五年刊刻的《七修类稿续稿》讲哥窑和龙泉窑都在处州龙泉县，在南宋时有一对姓章的兄弟俩一起开办窑口烧制瓷器。哥哥的窑口被称为哥窑，而弟弟的以地名作为窑名，就叫龙泉窑。在《处州府志》、清代蓝浦《景德镇陶录》和《南窑笔记》中也有类似的介绍。

哥窑在唐代就有一定的知名度，在唐代《肆考》中已经有记载。

关于哥窑还有一个传说：宋代龙泉县，有一位很出名的制瓷艺人，叫章村根，有两个儿

子，生一和生二。章村根因为擅长烧制青瓷而
闻名遐迩，而生一、生二兄弟俩自小随父学艺，
老大章生一厚道、肯学、能吃苦，深得其父真
传，章生二亦有绝技在身。章村根去世后，兄
弟分家，各开窑厂。老大章生一所开的窑厂即
为哥窑，老二章生二所开的窑厂即为弟窑。兄
弟俩都烧造青瓷，都各有成就。但老大技高一
筹，烧出"紫口铁足"的青瓷，一时间名满天
下，名声甚至传到了皇帝那里，皇帝指名要章
生一为他烧造青瓷。老二心眼小，非常妒忌，
趁哥哥不注意，把黏土扔进了章生一的釉缸中，
老大用掺了黏土的釉施在坯上，烧成后一开窑，
他惊呆了，满窑瓷器的釉面全都开裂了，裂纹
有大有小，有长有短，有粗有细，有曲有直，

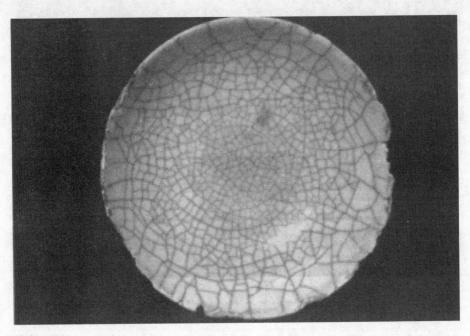

宋代哥窑瓷碗

而且形状各异，有的像鱼子，有的像柳叶，有的像蟹爪。他欲哭无泪，痛定思痛之后，重新振作精神，他泡了一杯茶，把浓浓的茶水涂在瓷器上，裂纹马上变成茶色线条，又把墨汁涂上去，裂纹立即变成黑色线条，这样，不经意中形成了"金丝铁线"。

（二）哥窑瓷器特点

至今在浙江省龙泉县始终未找到确切的哥窑窑址，因此，当前学术界对哥窑传世的器物和窑址的存在有很大的争论。争论归纳起来大致集中在以下几个方面：第一，窑址的地域归属。由于哥窑瓷器的胎体大多呈黑灰、深灰之色，而浙江省文物管理委员会于 1956—1961 年在龙泉县的大窑、溪口等窑址发现黑胎的开片青瓷，它们的特征与传世的哥窑作品有一定的相似，因而认为"大窑、溪口窑址中出土的黑胎青瓷应当是哥窑的产品无疑"。对此，中国科学院上海硅酸盐研究所有不同的看法，他们通过对龙泉县黑胎青瓷和传世哥釉胎釉的化学组成和显微结构测试，发现有一定的区别，因此认为"传世哥窑不在龙泉烧造之说是可以接受的"，他们进而提出："传世哥窑在好多方面都和景德镇的同类作品比较接近。"因而"很可能是宋以后景德镇所烧造"。哥窑是否为景德镇所烧造，没有窑址出土物为证，难以使人信服。第二，从窑口本身来说，有人认为"修内司官窑就是传世哥窑"。这种新的见解，本身就否定传世哥窑的存在，因此，当前难以取

宋代哥窑鱼耳炉

哥窑
097

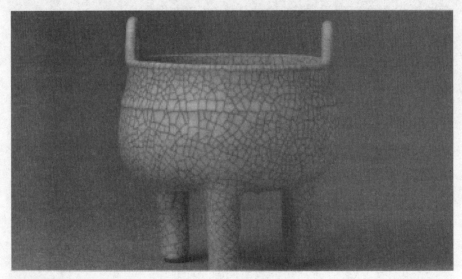

宋代哥窑双耳三足炉

得一致的意见。

　　对哥窑的时代也有不同的看法，就当今收藏最多的北京故宫博物院和台北故宫博物院的传世哥窑作品来看，形制多属瓶、炉、洗、碗一类器皿，造型富有宋瓷的时代风格。因此，哥窑瓷还是宋代所烧造的一种青瓷器物。至于窑址究竟在哪里，只能寄希望于日后的窑址调查和考古发掘。

　　哥窑瓷器的造型除碗、盆、洗以外，还有各式的瓶、炉、尊等。贯耳炉是比较多见的器物，故宫博物院收藏的"宋哥窑贯耳炉"可以说是哥窑瓷器的代表作。此炉侧影近似长方形，它的外廓线表现为口沿以下向内收缩，而器腹微微外凸，这样一收一凸的器体弧线显得十分饱满有力；两旁配置的双耳向外扩张，在造型上增强了器物庄重、凝重的效果。加之哥窑瓷器的釉层比较肥厚，更给人以浑厚、稳定的感受。作为当时祭祀和供神用的一件陈设瓷，这种贯耳炉恰如其分地体现出它应有的职能。

传世哥窑瓷器为数不少，而且分为早期晚期的作品。《格古要论》对旧哥窑与新哥窑的记载是值得重视的，曹昭对新哥窑的解释是：凡是成群成对的就属于新哥窑的作品，换句话说，旧哥窑大都是单件的，成群成对的非常少。南宋时期的哥窑作品现在大多数分别藏于北京故宫博物院、上海博物馆及台北故宫博物院，流散到国外的为数也不少，其造型有各式瓶、炉、洗、盘、碗和罐。论胎有薄厚之分，其胎质又有瓷胎与砂胎两种，胎色有黑灰、深灰、土黄多种色调；釉色也有粉青、月白、油灰、

宋代哥窑海棠三足洗

哥窑
099

宋代哥窑 双耳小瓶

青黄各色。从时间上来讲，这里应有早晚之别；从产地说恐怕也不是出于一个瓷窑。从明代开始出现了大量的仿哥窑瓷器，到了清代发展到了顶峰，其逼真程度往往令人难以分辨真假。

哥窑瓷器特征：(1)哥窑釉属无光釉。犹如"酥油"般的光泽，色调丰富多彩，有米黄、粉青、奶白等。(2)"金丝铁线"的纹样。哥窑釉面有网状开片，或重叠犹如冰裂纹，或成细密小开片（俗称"百圾碎"或"龟子纹"），以"金丝铁线"为典型，也就是较粗疏的黑色裂纹交织着细密的红、黄色裂纹。(3)"聚沫攒珠"般的釉中气泡。哥窑器通常釉层很厚，最厚处甚至与胎的厚度相等，釉内含有气泡，如珠隐现，犹如"聚沫攒珠"般的美韵，这是辨别真假哥窑器的一个传统的方法。(4)"紫口铁足"的风致。哥窑器坯体大都是紫黑色或棕黄色，器皿口部边缘釉薄处由于隐纹露出胎色而呈黄褐色，同时在底足未挂釉处呈现铁黑色，由此可以概括为"紫口铁足"，这也是区别真假哥窑器的传统方法之一。

七 定窑

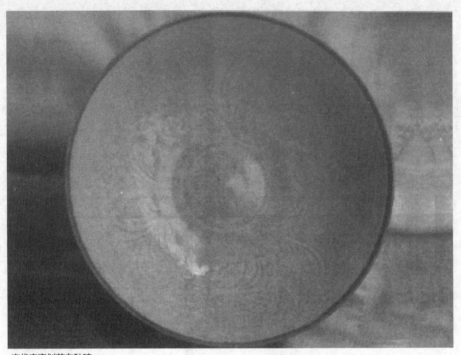

宋代定窑划花白釉碗

（一）定窑历史

定窑为宋代北方著名瓷窑，窑址在今河北曲阳涧磁村。古陶瓷学者通过大量的考古发现和多年研究，对定窑瓷器进行了这样的分期：分为唐代早期至中期、晚唐至五代、北宋早期至中期、北宋晚期至金代四期。

瓷器艺术风格的变化是复杂的，受到政治、文化、宗教、工艺以及人们审美意识等多种因素的影响，并不完全随着时代的更替而变化。一种成熟产品的生产周期往往是跨时代的。

第一期（唐代早期至中期）是定窑由创始逐步走向成熟的初级阶段。从窑址出土的瓷片标本看，叠压在最底层的是一些粗胎黄釉瓷和褐釉瓷，其中数量最多的是一种外黄釉内白釉浅腹平底碗，此外还有少量直口深腹碗。这两种碗的造型都具有唐代早期的典型风格，显然是定窑初创时期的产品。而窑址出土的黄釉席纹执壶、三足炉以及一些加施化妆土的白釉瓷，胎色虽仍较深，但胎质坚硬细腻，釉面明亮光润，与早期相比在工艺技术和整体质量上都有明显提高，因此，应当是唐代中期的产品。定窑在唐代中期已经基本上完成了由黄釉瓷向白釉瓷的过渡，此时白釉瓷绝大部分仍需使用化妆土，但胎质和釉色差异较大，其中部分高档产品已经接近或达到了精白瓷的水平。由此可见，唐代中期定窑正处在由粗向精逐渐过渡的阶段。

宋代定窑白釉刻花折腰碗

定窑

第二期（晚唐至五代）是定窑烧瓷历史上的第一个高峰。烧制精白瓷的技术此时已经完全成熟，产品胎体洁白，从断面看瓷化程度很高。釉色及釉面质量虽然仍不够稳定，但光亮莹润、釉色洁白的已经占多数。科学测试的数据表明，此时定窑白瓷胎、釉的质量达到了历史顶峰，其品质远远高于宋、金时期的刻花、印花白瓷，其中薄胎白瓷普遍具有较好的透影性。

第三期（北宋早期至中期）是定窑装饰艺术发生明显转变的时期。经过晚唐、五代的发展，定窑已经完全掌握了生产高档白瓷的技术。在此基础之上，除了造型

宋代定窑黑釉牡丹纹描金双龙尊

宋代名窑

不断变化创新外，开始注重对器物的装饰。这一时期
定窑瓷器的装饰主要以深刀雕刻的莲瓣纹和大朵缠枝
牡丹为主，同时也有少量采用针状工具划刻的浅细纹
饰。技法与纹饰主要是模仿越窑和耀州窑，装饰风格
尚未形成自己的特点。1985 年至 1987 年，河北省文
物研究所对定窑进行再次发掘，在北宋中期文化层中，
出土有刻线遒劲、花纹飘逸、别具一格的刻花白瓷与
纹饰清晰有浅浮雕之美的印花白瓷残器。北京丰台辽
墓也出土有刻萱草纹六花口盘。这表明北宋中期定窑
装饰工艺处于转型阶段，为北宋后期刻花与印花装饰
工艺的纯熟与盛烧，为定窑独具一格的装饰风格的形
成，开启了先河。

　　北宋早期纪年墓葬、塔基中出土的定窑瓷器较多，
北宋中期纪年墓葬出土的定窑瓷器相对贫乏。

第四期（北宋晚期至金代）是定窑的鼎盛时期。刀法流畅飘逸的刻花瓷器、画面繁缛富丽的印花瓷器以及成熟的覆烧工艺，标志着定窑进入了历史上最为辉煌的时期。古籍中对定瓷的记载、描述以及国内外博物馆收藏的定窑瓷器，也大多属于这一时期的产品。此时定窑瓷器主要以精美的刻花、印花见长，在早期刻划花装饰的基础之上，定窑的制瓷匠师逐渐摸索出一套适合薄胎白瓷的多齿刀具刻划花工艺，装饰纹样已日臻成熟。纤秀流畅、生动自如的线条充满了动感与活力，而富丽别致的印花工艺不仅将图案纹饰的装饰作用发挥得淋漓尽致，而且起到了规范器物尺寸规格的作用，非常适合大规模生产。

宋代定窑五管葫芦瓶

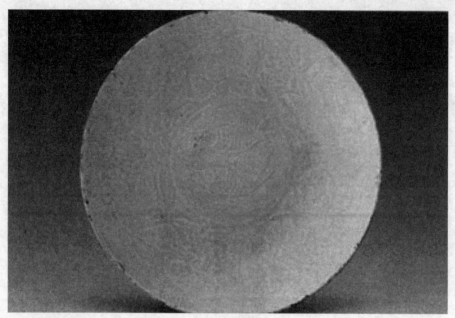

宋代定窑划花鱼纹盆

　　北宋后期出土定窑瓷器的纪年墓葬很少，曲阳县北镇村出土的三件纪年印花模子和英国大英博物馆、大维德基金会收藏的三件纪年印花模子也是判定这一时期印花瓷器风格的重要依据。

　　定窑窑址是规模最大、最集中的窑场，窑址在河北曲阳。曲阳盛产汉白玉，是石刻之乡，人民英雄纪念碑就是曲阳人民捐刻的。曲阳人的雕刻技艺在瓷器上更不能浪费，所以定窑瓷是五大名窑中雕刻最好的瓷器。这里有十几处高大的堆积，最高的 15 米，堆积着众多的瓷片、窑具、炉渣、瓷土等。从遗址地层叠压关系看，遗址分晚唐、五代和北宋三个时期，1986年被列为全国重点文物保护单位。

到20世纪70年代，定瓷在沉寂了多年之后又进入了复苏期。曲阳定瓷有限公司历尽艰辛，通过上百次研究实验，在仿古的基础上，推陈出新，成功研制了仿古、美术、日常三大系列工艺产品二百多种，产品在国内展出屡屡获奖，产品已远销美国、日本、加拿大、荷兰等十几个国家。

（二）定窑瓷器特点

定窑产品以白瓷为主，也烧制酱、红、黑等其他名贵品种，如黑瓷(黑定)、紫釉(紫定)、绿釉（绿定）、红釉（红定）等，都是在白瓷

宋代定窑白釉花鹿粉盒

宋代定窑黑釉盏

胎上，罩上一层高温色釉。元朝刘祁的《归潜志》说："定州花瓷瓯，颜色天下白。"由此可见，定窑器在当时不仅深受人们喜爱，而且产量较大。宋代大诗人苏东坡在定州时，曾用"定州花瓷琢红玉"的诗句来赞美定窑瓷器的绚丽多彩。

定窑还有北定、南定之分。北宋之前，定窑窑址在北方的定州，这时烧制的物品称为北定；宋室南迁之后，定窑工人一部分到了景德镇，一部分到了吉州，称为南定。在景德镇生产的釉色似粉，又称粉定。

定窑生产规模宏大，品种繁多。多为碗、

宋代定窑双面工碗

盘、瓶、碟、盒和枕，亦产净瓶和海螺等佛前供器，但数量极少，主要是作为贡品进入宫廷。故宫博物院收藏的定州白瓷孩儿枕是定窑瓷器的代表作之一。

　　定窑的胎质薄而轻，胎色白而微黄，不太透明，釉呈米色，施釉极薄，可以见胎。釉色洁白晶莹，很多积釉形状似泪痕，被称为"蜡泪痕"，隐现着黄绿颜色。在器物外壁薄釉的地方能看出胎上的旋坯痕，俗称"竹丝刷纹"。北宋早期定窑产品口沿有釉，到了晚期器物口沿多不施釉，称为"芒口"，芒口处常常镶金、银、铜质边圈以掩饰芒

宋代定窑葡萄叶提梁壶

口缺陷，这是定窑的一大特色。

宋代瓷窑装烧技术最为重要的成就，就是发明了覆烧法和火照术，定窑就大量采用覆烧方法，还使用了一种垫圈式组合匣体。这种烧制方法的优点是最大限度地利用空位空间，既可以节省燃料，又可以防止器具变形，从而降低了成本，大幅度地提高了产量，对南北瓷窑都产生过很大影响，对促进我国制瓷业的发展起了重要作用。

定窑器以其丰富多彩的纹样装饰而深受人们喜爱。装饰技法以白釉印花、白釉刻花和白釉划花为主，还有白釉剔

宋代定窑白瓷盏托

宋代名窑

花和金彩描花，纹样秀丽典雅。北宋早期定窑刻花、构图、纹样趋简，以重莲瓣纹居多，装饰有浅浮雕之美。北宋中晚期刻花装饰精美绝伦，独具一格。装饰图案常用印花、划花和堆花手法，秀丽典雅。印花图案自然，形态经巧妙变形，构成严谨，刻划花比印花更活泼生动，别具一格。

划花是宋代定窑瓷器的主要装饰方法之一，通常以篦状工具划出简单花纹，线条刚劲流畅、富于动感。莲瓣纹是定窑器上最常见的划花纹饰，有的一花独放、双花并开、莲花荷叶交错而出，有的还配有鸭纹，纹饰简洁富于变化。立件器物的纹饰大都采用划花装饰，刻花的比

宋代定窑白釉划花盘

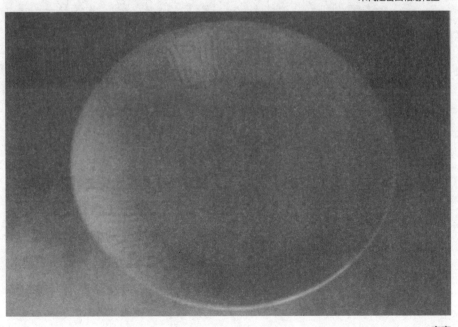

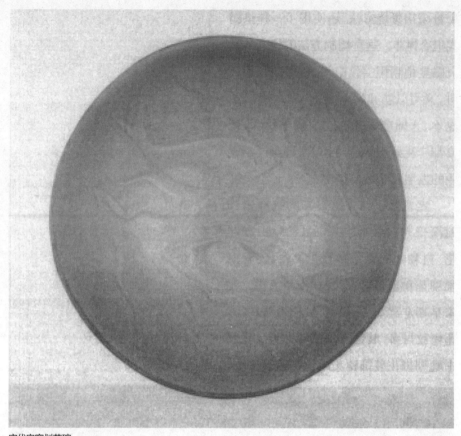

宋代定窑划花碗

较少见。早期定窑器物中，有的划花纹饰在莲瓣纹外又加上缠枝菊纹，总体布局显得不太协调，这是当时尚处于初级阶段的一种新装饰手法，也给定窑器断代提供了一个依据。

刻花是在划花装饰工艺基础上发展起来的，有时与划花工艺一起运用。如在盘、碗中心部位刻出折枝或缠枝花卉轮廓线，

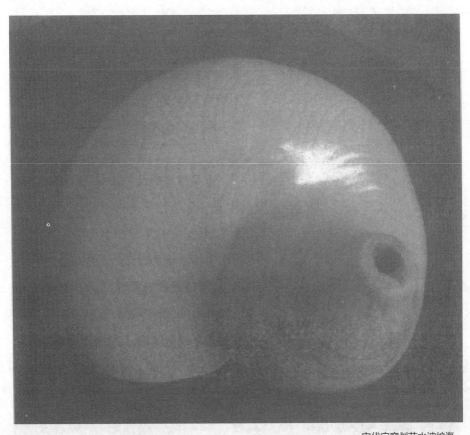

然后在花叶轮廓线内以单齿、双齿、梳篦状工具划刻复线纹。纹饰中较常见的有双花图案，生动自然，有较强的立体感，通常是对称的。定窑刻花器还常常在花果、莲、鸭、云龙等纹饰轮廓线一侧划以细线相衬，以增强纹饰的立体感。

　　定窑纹饰中最富表现力的是印花纹饰。这一工艺始于北宋中期，成熟于北宋晚期。最精美的定窑器物纹饰在盘、碗等器物中心，这类器型内外都有纹饰的较少。定窑器物纹饰的特点是层次分明，最外圈或中间常用回纹把图案隔开。纹饰总体布局线条清晰，形态经巧妙变形，繁而不乱，布局严谨，讲究对称，层次分明，线条清晰，工整素雅，艺术水平很高。定窑印花大多印在碗盘的内部，里外都有纹饰的器物极为少见。

定窑印花题材以花卉纹最为常见，主要有莲、菊、萱草、牡丹、梅等，花卉纹布局多采用缠枝、折枝等方法，讲求对称。有的碗、盘口沿作花瓣式，碗内印着一朵盛开的花，同时在外壁刻上花蒂与花瓣轮廓线。这种把印、刻手法并用于一件器物，

北宋定窑牡丹纹盘

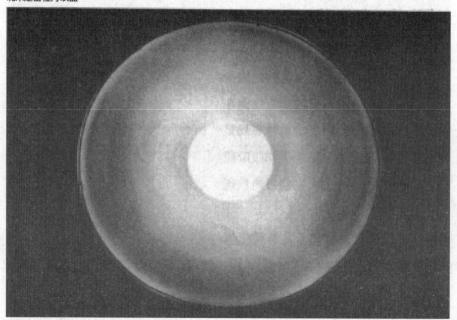

里外装饰统一的做法，使器物造型和花纹装饰浑然一体，十分精美。其次，定窑还有大量的动物纹饰，主要有牛、鹿、鸳鸯、麒麟、龙凤、狮子和飞龙等。定窑飞龙纹一般装饰在盘、碟、碗等卧件的器物中心，祥云围绕，独龙为多，尚未见有对称的双龙纹饰。飞龙身形矫健，昂首腾飞于祥云之间，龙尾与后腿缠绕，龙嘴露齿，欲吞火球，背有鳍，身刻鱼鳞纹，龙须飘动，龙肘有毛，三爪尖利，栩栩如生。而定窑立件上只装饰有变形龙纹，其装饰水平与盘、碟上的龙纹相差甚远。禽

宋代定窑芒口菊纹印花斗笠碗

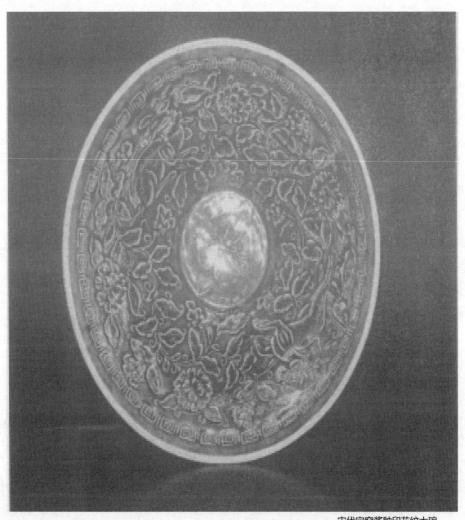

宋代定窑酱釉印花纹大碗

鸟纹饰中主要有凤凰、孔雀、鹭鸶、鸳鸯、雁、鸭等，做工精美的飞凤比较少见。

　　瓷器是中国古代的一项伟大发明，世界各国的制瓷技术多是从中国传入的。在古代，外国人称中国为"瓷器之国"、英语中

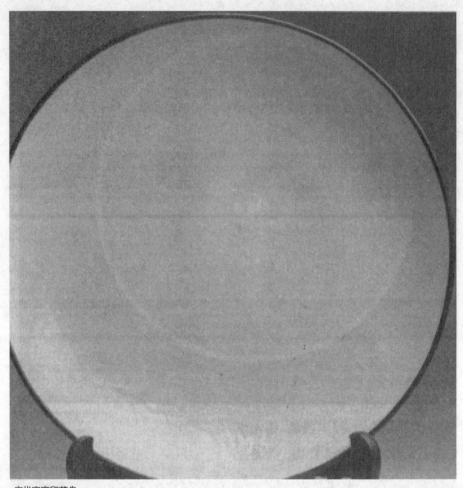

宋代定窑印花盘

的"China"（中国）一词的另一个含义就是"瓷器"。可见，中国瓷器的影响巨大。纵观中国几千年的古陶瓷发展史，它虽然是以衰退而告终，但是它给后人留下的这份珍贵而又丰富的遗产，将永远放射出灿烂的光辉。

宋代名窑